소쩍새는 그리움을 안다

시하늘시인선
10

소쩍새는 그리움을 안다

최민정 시집

그루

시인의 말

나도 몰랐다
나를 이렇게 말끔히 닦아
벌나미 모여드는 꽃밭 앞에 세울 줄은

모든 이들 앞에 어제와 오늘이 다르듯
내일 또한 새로움을 일궈주는
꽃밭이라고 말하고 싶다

이제 내가 결실을 맺을 나이
그래서 나는 아직도 내 속에 피지 못한
또 다른 꽃봉오리들이 피어날 날을 기다린다

황무지에서도 꽃이 피고 있다는 것은
나를 살아 있게 하는
고집임을 고백한다

2025년 시작의 달 함양 고을에서
언어의 씨앗을 뿌리는 **최 민 정**

차례

시인의 말　　　　　　　　　　　5

1부 봄날 환상곡

마우스 마스크　　　　　　　　　13
봄날 환상곡　　　　　　　　　　14
목련의 풍장風葬　　　　　　　　16
봄날　　　　　　　　　　　　　17
밤꽃 향　　　　　　　　　　　　18
옻닭 삶는 날　　　　　　　　　19
소쩍새는 그리움을 안다　　　　20
생강꽃 봄날　　　　　　　　　　21
과원 제비꽃　　　　　　　　　　22
막내를 기다리면서　　　　　　　23
노랑 바람개비의 비밀　　　　　24
꽃 적과　　　　　　　　　　　　26
목두채　　　　　　　　　　　　27
생의 후반기를 위해서　　　　　28
콩 심기　　　　　　　　　　　　30
시 마실　　　　　　　　　　　　31
그 아이는 아직도 운다　　　　　32
족발　　　　　　　　　　　　　33
고로쇠 수액을 거두며　　　　　34
비와 봄의 관계　　　　　　　　35
모종　　　　　　　　　　　　　36

2부 여름 이야기

여름 이야기	41
파도의 절규	42
능소화	43
거창에는 거창한 창포원이 있다	44
기백의 품격	45
여름날의 서정	46
뒤안 장독대	47
농사꾼의 장마	48
아마릴리스	49
등나무 쉼터가 있는 교회	50
친구의 유혹	51
소나기를 기다리며	52
생명이 주는 감사	53
탄생	54
새끼 오리 선녀가 되어 날다	56
자연재해	58
장마철 무심리에는	59
장마비가 준 휴식	60
미스터 트롯	61
별밤 연서	62
날마다 시 이삭을 줍는다	63

3부 초가을 풍경

초가을 풍경	67
꽃무릇	68
고추를 따면서	69
해국	70
밤새 안녕하신지요	72
가을 문턱	73
깨진 화분	74
다수댁 할머니의 가을 이야기	75
구절초 사랑	76
바람이 전하는 얘기	77
벌초	78
세월에의 방조	79
몸살	80
빼빼로 데이	81
방앗간 기행	82
아줌마들의 회식	83
빈 나무가 주는 교훈	84
콩걷이	86
모과의 자부심	87
콩나물 동이	88

4부 겨울 보약

겨울 보약	91
경칩 아침은 더 춥다	92
하현 눈썹달	93
고드름	94
동물의 왕국에서 사마귀를 보다	95
곶감	96
면접	98
엄마의 방	99
동치미	100
영원한 나의 꽃에게	101
꼬꼬닭 수수께끼	102
미용실에서	104
산불 감시원의 짝사랑	105
까치설날의 전경	106
우풍	107
살아 있는 이야기 책	108
새터민	109
술빵	110
장 담그는 날	111
땅의 여자	112

해설 | 일상 얘기가 시의 어원이 되다   115

1부
봄날 환상곡

마우스 마스크

우리들 얼굴에 일곱 개의 구멍 중
세 개는 지금 복식 근무 중

이 없음 잇몸인 것처럼
귀가 없었으면 어땠을까

눈 같은 흰 벚꽃들이 눈부시게
눈을 홀리는데 (아! holic)

탄성은 마스크 속에서만
하지만 기쁨은 간격 유지 (그래! shut mouth)

호흡은 걸러지고
표정도 감춰지는 웃음기 빠진 봄

하여! 지금은 봄은 와도 아니 온 것 같은
춘래불사춘 春來不似春

봄날 환상곡

추위를 견뎌 낸 앙상한 가지에
새잎 피기도 전에 꽃봉부터 밀어올린 목련이 대견했다
나는 꽃들에게 유달리 관대한 여자
그중에 목련에게 더 후한 면죄부를 부여하는 목련바라기
내 살을 만지고 산 남편보다
이 나이가 된 어느 날 이후부터 더 편애를 아끼지 않았던
난 낙제점의 아내
살 오를 초록과 여린 봄 햇살이
잘도 어울리는 낮은 담장을
돋움발 없이 훌쩍 넘어선 목련의 키 높이에
일상의 울에 갇혀 내 날 한 번 가진 적 없는 촌부가
파란 하늘을 받쳐든 자유로운 개화에서
대리 만족의 참맛을 느끼는가 보다

해마다 줄 타듯 아슬한 생 살이가 반생을 훌쩍 넘겨
산 날보다 살 날이 적은 이때에
아웅대며 자신을 닦달했던 시골 아낙이
오춘기도 갱년기도 다 지난 지금

서넛 날만이라도 자유를 꿈꾸는가
꽃송이 하나 피우기에 한 해를 전념했을
저 순결한 흰 꽃 몸속의 향기를
물어 날라야 할 삼월의 바람은
꽃샘 대륙풍과 간밤부터 눈이 맞아
목련꽃은 새벽 된서리에 소박까지 당했으니
나와 정 나눌 또 다른 봄꽃은
언제 어느 날에 나를 찾아와 식어버린 내 심장을
뜨겁게 달굴까나

목련의 풍장風葬

이제 돌아갈 시간입니다
나즈막한 외침과 함께 들이친 바람은
우아하게 뻗은 꽃잎 끝을 갈색으로 물들이네요
가을도 아닌데 갈색이라니 대단한 이변입니다
봄은 따뜻하고 때론 냉혹한 것
나에게만 태양을 배려해 주지는 않겠지요

아무리 아껴 주고 사랑받는 새봄이라도
한 잎 두 잎 바닥으로의 추락 앞에
아직 향기가 묻어나는 목련의 주검이
즐비하게 순장 중입니다

그럼에도 목련은
내년 봄을 향한 약속인 듯
시들어 가는 자신을 자연에게 내려놓습니다
섭리에 순응하는 계절 그 너그러운 품에서
향기로운 차로 다시 태어날 목련 꽃잎의
살내를 음미하는 봄날입니다

봄날

큰 강 얼음 풀려
봄물 나울거리고요
냇가 버들가지도 솜털 꽃 보풀대며
입춘을 맞았네요
남쪽 매화 소식 아침 뉴스 타고
발 빠르게 북상 중이어도
내 사는 이 자리야 따신 줄 모르것소

지난 여름 땡볕에서 따 모은 붉은 고추
시장에 팔아 생긴 푼돈
영 점 몇 퍼센트 오른 이자 놀이에
재미 붙인 어머니가
읍내 농협에 맡겨 두고
샛바람 살살거리는 북녓들 양파 밭둑에서
아지랭이 날개옷 달고 냉이를 캐네요

밤꽃 향

저문 들녘 흰머리 풀어헤친
우람한 사내를 만났다
골리앗도 아닌 그렇다고 다윗도 아닌
누구도 말릴 수 없는 몸내 사방으로 풍기며
온몸으로 남성임을 나타내는 저 나무의 위엄

개구리 낭자한 울음에도 끄떡없어
저녁 어스름 무섬증을 삭혀 주는 저 늠름한 향
아마도 지구상에 생물들을
암수로 이름 짓지 않았다면 무척 억울해 할
여기 이 나무의 향내만
사방에 퍼지는 유월

해 진 뒤 더운 열기 삼킨 들녘
우람한 몸집으로 오래전부터
이 땅 든든한 버팀목 되어 서 있다

옻닭 삶는 날

한증막 방불케 하는 불을 줄이고 들이는 뜸
노랗게 우러난 국물 속 백옥 같은 흰 다리
아궁이 장작불은 꼬리를 문 연기로 솟구치고
사방을 풍기는 구수한 육수 냄새

생의 반을 살아 장성한 자식들 도회 보내고
둘이 남은 집안
살살거리는 바람에 매달린 춘곤증

서로를 보듬어 다시 시작인 농사 준비에
닭 한 마리 통채 올려
마주앉은 밥상머리

서로의 안색을 살피는 이른 점심시간
이어 올 농번기에 흘릴 땀을 위해
오늘은 옻닭이 우리 대신 땀을 흘린다

소쩍새는 그리움을 안다

멈추지 않는 시간이다
누군 잘 간다고 하는데
오늘 밤 저리 애절한 간절함을
사방에 풀어놓는 봄밤의 손님으로 하여
내 시간마저 더디 가고
쉬 당도하지 못할 그리움은 절실하다

달빛에 애간장 녹는 저 소리를 덮고
잠을 청하지 않아도
보고픈 이가 또 그리운 이가 있는 자는
날마다 밤마다 귀가 열린다

지금 어디쯤에서 안부 전해 올 것도 같은
먼 먼 기대감까지
그저 어미에게 마음 전하는 텔레파시일까?
어느 날 무심결에 네 안부만이라도 듣고 싶어서
그렇게 깊어 가는 이 밤도
홀로 소쩍 소쩍 소 소쩍!

생강꽃 봄날

지독한 가뭄에 움 틔우는 걸 잊어버린 나무
봄비 한 줄기에
한나절이 다르게 부푸는 꽃눈
나무 곁에 서면 펑펑 옥수수튀밥 터지는
소리 날 것 같아

갈색 각질을 벗는 송이마다
나무 밑은 우수수 떨어진 꽃깍지들 즐비해
바람 분 오뉴월 아침 감또개 같네

뻥튀기처럼 하얗게 오르는 연무 속
아이들 웃음소리
꽃이 피면 꽃 냄새에 몰려든
꿀벌들의 생존 투쟁

생강나무 향기까지 노랗게 봄맛을 돋우는
3월의 오후
꽃도 바람도 여심도 환해지는 오후

과원 제비꽃

보랏빛 오종종한 꽃무리들
발을 디딜 수가 없어
예쁘다 이뻐
소리만 지르다 돌아왔다

예순 가까운 나이에
설렘을 주체 못 한 내 웃긴 모양새를
무뚝뚝한 남편에게 들켜
살짝 멋쩍은데

"그리 예쁘면 집에 갖다 심어 보소
이쁘장하니 좋으네"
남편 한마디에 대야에 호미 담아
피곤도 잊은 채 발걸음 재촉해 과원으로 간다

막내를 기다리면서

먹을 게 많아도
생일날이 지나도
흩어진 식구 다 모이는 명절이 되어도
날씨가 추워도
따신 볕 앞에 꽃들이 만개해도
그래서 봄이라고
앞다퉈 꽃들이 방글댈 때도

밥벌이에 하루살이 곤해서 잠든 시간
잠시 잊었다가 생각나고
생각하면 또 한숨이 앞선다
엄마 젖 한번
배불리 못 먹고 자라 안쓰러운데
너는 마음놓고 올 때도 없는
세상을 사는 건 아닌지

실종 신고 몇 해째 소식 없는 너

노랑 바람개비의 비밀

어제 진종일 비에 얼굴 씻은 봄이
하루가 지난 지금도 차분한 모습이시다

밤새 흰 날개옷을 꺼내 입은 목련이 샘나서
어르신 장대 들고 나오셔요
나랑 꽃 따러 가요

날개옷도 만져 보고
비염에 좋은 목련차도 만들자며 괜한 너스레에
한 집 건너 한 사람만 사는 동네
모처럼의 웃음소리 왁자하지요

날마다 누가 오나 내다보던 마을 동구
저 큰 목련나무 꽃 다 지면
기다림에 별이 된 초록 잎만 무성하겠지만
그때 목련꽃 진 저 가지에
나는 내 기다림의 숨겨진 의미를 전하려
노랑 바람개비를 달거예요

바람이 잠들어도 그 바람개비는 오직 바램 담아
잠깐의 쉼도 없이 내 간절한 기다림을 안은 채
혼자 돌고 있을 거예요

꽃 적과

하루가 저문 시간까지 꽃 따다 왔다
발밑에도 나무에도 온통 흰 꽃방석이다
꽃분홍으로 시작해서 눈부신 나비 되어
나풀나풀 내리는 사과꽃
민들레 냉이꽃도 거든다
햇볕조차 초여름 열기를 쏟아 놓고
한 곱살이 끼여 간사한 사람 마음
버들가지처럼 휘게 한다

본능적인 불평만 쏟아 놓던 밭
해가 지고 땅거미 어둠발에 감길 때
아픈 허리는 후덜 걸음마다 밟혔었다
한술 저녁밥 뜨고
고사리 삶아 온기 남은 방바닥에 등을 붙여
평안한 안식을 청한다

오늘따라 창 넘어 남천
초생달도 허리가 아픈지 구부정히 떠 있다

목두채

새 빛의 봄
연두가 부르는 산으로 오르고 또 오르고
팔랑이던 나비처럼
저는 부지런히 움직였어요
피어난 봄날은 거스르지 못하는 자연의 순리

지열 오르고 발밑 바스락대는데
하여 묵은 억새도 작년의 순장을 또 배우는데
보물 찾듯 매서운 눈초리 뒤
따북하게 보이는 목두채가 반갑기만 해
이마빼기 송알대는 땀방울쯤이야 아무것도 아닙니다

한 송이 두 송이 따 담을 때마다
포근한 봄 내음이 온몸에 감기고요
사람 하나 없어도 무섬증이야 잊은 지 오래죠
콧노래가 저절로 나오는 봄나물 산행
볕 마중나온 굴 다람쥐도 지금은
열심으로 볕바라기 중입니다

생의 후반기를 위해서

올봄은 성장통도 멈췄나 보다
날마다 자고 나면 새 몸같이 개운했는데
예순이라는 생의 탑 쌓은 만큼 요구하는 것도 많다

가장 기본적인 것부터 이리 부실하지만
마지막 가는 길에
온몸 구석구석 한군데도 빼지 않고
오만원 짜리 지폐를 수의 삼아
덕석말이를 해도 될 자격 있으려나?

인생 이력 하찮아서
삶을 즐길 시간은 커녕
앞만 보고 달렸는데
그래 그만하면 할 만큼은 했어
무쇠도 삭을 세월 살았잖은가
날마다 꽃밭 풀밭 황토밭 가리지 않고
뛰어다니지 않았는가

이제 좀 나이에 걸맞는 여유는 못 찾더라도
내 생의 아름다운 후반기를 위하여
나를 위한 삶 이제라도 실천해야지
그래서 내일은 비가 오지 않아도 늦잠 정도는 자야겠다

콩 심기

나 오늘만큼은 90도 경배를 드리는 구도자
바람이 쓸고 가는
농복의 땀 젖은 옷자락

그 어디에도 봐주는 이 하나 없는 들녘
종일 등에 진 해의 뜨거움에
땀 절은 등짝도 노을빛 닮아간다

다가올 가을을 예견하면
날마다 들인 공 지성은 아니어도
무언의 기도야 이미 하늘에 닿았을 터

해마다 하는 일에 연륜을 더할수록
달라지는 몸의 반응
'남는 건 골병뿐인데 이제 그만 줄이자'며
스스로에게 세뇌를 시키는 이 시간에도
허리는 또 경배를 드리고 있다

시 마실

가슴에 눈을 달고 한 단어 한 문장씩
곱씹으며 읽다가
저리도 잘 짠 비단결 싯귀를 지은이가
질투 나듯 부러워
난 언제쯤 꿀단지같이 맛난 글
마음껏 적어 볼까

머리 싸맨다고 금새 생겨날 절창 없을 게고
엊그제 써 놓은 글도 오늘 보니
속만 긁어내리던데
시 마실 핑계 잡아 달통한 저 이 곁에 붙어
한 번도 해 본 적 없는 통간이나 한다면
그 이의 심장이 내 심장 되려나?

그 아이는 아직도 운다

땀인지 눈물인지
울음인지 웃음인지
구별조차 안 돼 더 애매했던
울기부터 배운 매미, 맴맴 매~~앰
첫새벽부터 시끄럽다

장마의 끝을 붙잡고
여름이 왔는데
눈물 많은 그가
울 일 많은 그가
이 더운 날들을
침묵으로 비켜 갈 수 있을까

두 분의 뜨거웠던 인생
기일마저 여름인데
첫날부터 울음보 터트려
세상에 나온 그분들의 딸인 내가
오늘도 그분들을 위해 운다
침묵으로 펜으로

족발

입으로 물고 빨고
뼈다귀에 입맞춤하기에는 추하다구요?
하얀 치열을 거치는 순서
쫄깃한 맛의 음미는 그다음
체면도 고상함도 잊어야 해요

상대방 눈치는 무시하고
윙크하며 이를 악무는
한두 점 남았을 땐 양보보다
먼저 찜해야 함은 당연한 것이지요

간식의 줏가를 재확인하면서
족발 뜯는 맛을 즐겨야 합니다
소주는 필수 조합
그러나 과음은 반칙인데도
한잔 더 끌리는 그 오묘함이란…

고로쇠 수액을 거두며

저문 산길을 다급히 간다
마른 가랑잎 밟히는 소리
대숲 둥지에 앉았던 멧비둘기
푸드덕 놀란 날갯짓에 미안한 마음
그러나 더욱 분주해진 발걸음

뿌리에서 수관을 따라 대동맥을 거친
아직 식지 않은 수액의 온도
한 방울 두 방울 종일 내놓은
나무의 피를 매정하게 거둔다
아무 일 없었다는 듯
물병 마개를 봉하는 인간의 이 뻔뻔함

비와 봄의 관계

시린 아침이 잠을 깼다
코끝으로 스미는 공기가 상큼하다
조용한 풍경
비가 품은 정숙함
새 생명 움트게 할 온기가 여는 날들은
소리 없이 변화한다

표피 벗겨진 꽃눈 곁 새순의 생장점
하얀 꽃망울 부풀어
터질 순간만 기다리는 청매와
외가지로 뿌리내린 장미 줄기가
생기 도는 푸름을 안았다

물 고인 장독 두껑에
들어앉은 나무와 하늘
함께 젖어들자고 봄비가 적셔 버린 이 아침
온 세상이 눈부시게 꼬물거린다
비와 봄의 관계는 불가분이다

모종

난 오늘 호미 한 자루 들고
내가 심을 만큼의 모종으로
희망을 부른다

하늘 비바람 햇살
어느 한 가지도 빠져서는 안 되는데
깻모를 나누고 호미를 잡으면
헤아릴 수 없을 만큼의 내 경배는
구도가 아닌 고난의 의례

가뭄 타지 말고 병충해를 이겨
이 푸른 목숨 살아남게 해 달라고
한 포기씩 심을 때마다
모닥모닥 흙무덤 단처럼 쌓으며 올리는 기도

그대들은 지전 몇 닢으로 얻게 된 풍미가
얼마나 공들여 키워 온 우리의 목숨줄인지
농군들의 뼈저린 몸 보시임을

기억해 주시구려

"야야, 싹 긁어먹어야제 그기 뭣꼬?"
아버지의 불호령 같은 밥상 훈계가
어른이 된 지금도 가슴을 때리는데…

2부
여름 이야기

여름 이야기

어쩌다 자신의 죄목을 먼저 보는
감시자의 눈 되어
아니 에덴동산 하와의 눈 되어
이 지구가 아름답냐고 되묻고픈 불쾌지수에
사람의 본능은 안락을 찾는데
올해 따라 너무 가열된 여름

선악과 사건 이후 낙원이던 우리의 에덴동산은
타락으로 점철된 지옥 아닌 지옥이 되었고
이상 시인이 추구하던 빈터가 된 파라다이스에서
루시퍼가 준 색색의 독 키쓰로 하여
세상 어딘가에 숨겨진 낙원마저 죽어 가고 있나봐요

그러나 신이 버린 낙원이지만
그 파라다이스는 지금 내 맘에 있어요
그건 바로 당신이에요

파도의 절규

그대를 다 안지 못하여 쏟아지는 마음
결국 바람이 베어 넘겨 버렸죠
여기서 이대로 출렁이다 부서진 내 비장한 속엣말은
수면에 흘림체로 써서 파도로 새겨 두렵니다

쏟아져 부서진 자리에 남는 결 무늬 파도일랑
오늘 내 줄임말의 밑줄로 대신 쓰고요
수평선 끌며 다가온 물주름에 멀미 돌더라도
내사 알고도 모르는 척
그대 그림자 설겅설겅 씻어 낼 테요

듣기를 거부한 마지막 할 말일랑
포말의 거품 속에 숨겨 두었다가
해변에 몸 굴리며 산산한 울음으로 대신 부서지리니
물결의 높낮이 따라 음계로 바꿔 부를
저 저음의 저 고음의 몸 울음,
그건 도돌이표를 생략해도 무한 반복 중인 메아리의 절규
불러도 대답없는 눈부신 언어로 된 당신

능소화

저기 저 불꽃 좀 봐, 언제든 넘어올 기세
담장 위 휘휘 늘어진 낭창한 가지
열기를 보태느라 여름꽃이 된 걸까

한 송이 피울 때마다
눈물겨운 그리움 가지 끝에 걸어
붉게 타는 가슴속 이야기 전하고파
이리도 뜨거운 여름에 꽃망울 피웠을까

꽃 전설을 펼쳐 드니
구중궁궐 안 서슬퍼런 정쟁 속에
단 한 번만이라도 온전한 사랑 받고 싶은
여인의 마음

꽃은 화려해도 선택 받지 못해
향기를 잃은 걸까
외로운 궁녀의 절절한 혼 깃들어 꽃으로 환생했을
요염 속의 붉은 능소화여

거창에는 거창한 창포원이 있다

그곳에 가면 잘 가꿔 놓은
수십 가지 꽃들 앞에서
절로 나오는 탄성
예쁘다 멋지다 아름답다
시인의 마음으로도 표현되지 않을 거창한 풍경

내 소중한 사람들과 언젠간 함께 와서
보고 즐기며 느끼고 싶단 생각에
오는 길 외워 봐도
목구멍 깊숙이 자리한 삶의 포도청

그러나 창포원에는 빛깔 곱고
자태 화려한 창포꽃 언덕이 있어
내 환한 함박웃음 꽃다지 속에 부려 놓고
오늘 하루만은 꽃 속의 나비 되고
나비 속 꽃이 되어
노랑 웃음 붙일라고, 노랑 웃음 붙일라고…

기백의 품격

유연한 허리는 물 흐르듯 완만하지
뿜어져 나오는 여유 또한 어쩌라고
산을 거꾸로 들면
여름 합죽선처럼 고운 능선
기세까지 당당해 기백산이라던가

산꼭대기 살짝 걸터앉은 흰구름에 어깨 내주고
자유로운 영혼 되어 달관했을 유구한 세월 앞
그저 산이었노라고
그 한자리 생명들 피고 또 진다

넓고 큰 품을 자랑삼지 않아도
비 묻은 날이면 안개는 봉오리를 감싸고
수려함을 감추지만
바람과 햇살에 빛바랜 시간들까지
눌러 앉힌 채
오늘도 묵언수행 중인 우람한 저 산 몸둥

여름날의 서정

시골 버스가 연두 바람 몰고
한적한 산굽이를 돌면
따뜻해진 창밖으로 쏠리는 시선
손 가까이 잡힐 것 같은 햇살에
얕아진 덧옷이 더 가벼워진다

승객이라야 열 명 남짓
아야 고야 절뚝이는 무릎에 노쇠한 걸음걸이
뒤뚱이며 오는 봄도
동네 어르신을 닮았나 보다

하얗게 쏟아내는 밥풀꽃 향기
숨 길게 들이켜며 오르는
산모퉁이 양지쪽마다
팔 벌린 싸리꽃 무더기 참 곱기도 하다

뒤안 장독대

더운 여름날 툇마루에 쏟아붓던 열기는
방 안의 냉기마저 앗아갔고
해 지고 달 뜨면 식어지던 지열

밤마다 마실 오는 이슬에게 위안을 받았는지
밤새 울던 풀벌레도
목마른 계절도
마디 아홉을 꺾기에는 부족했던가

뒤안 묵은 장독 사이
하늘 향해 입 벌린 속 노란 연보라 꽃을 따 씻어
꽃전이라도 붙이고 싶은 쑥부쟁이는,
그 구절초꽃은 찬이슬에 얼굴 씻고
따신 햇살에 몸 말려
바람에게 안겨 갈 가을 향기 한자락 안부를 전하네

농사꾼의 장마

기백산 봉우리는 안개 속에서 늦잠 중이고
나는 장마 곁에서 시간을 토닥인다
먹고 자고 쉬고 빈둥거리며 듣는 빗소리
앞집 뜰에는 노란 나리가
지난 가뭄 갈증 채우려 입을 벌렸고
뒷집 텃밭에 보랏빛 도라지꽃
아리한 유년 기억을 되살린다

우리 집 담장엔 비좁도록
능소화가 휘어져 내리고
하얀 방풍꽃은 늙은 표고목 곁에서
지난 계절의 군내를 맡는다
잠시 윗비가 그친 틈을 타
장독대에서 간장 한 뚝배기 떠
맑은 날을 준비한다
칠월은 초록 무성한 장마비에서 지금
짐짓 더위를 식히는 중

아마릴리스

꽃을 문 꽃대의 화분 흙이
봄가뭄에 바삭대는 마늘밭 같아
성급히 밥그릇에 물을 떠다 줬다

반 그늘 섬 뜰에서
장군처럼 용맹한 모습
솟아오르는 기상이 실로 놀랍다

내일 아침이면 달싹이는 붉은 입술로
승전보 전하는 쌍나팔 당당히
불고도 남겠다

등나무 쉼터가 있는 교회

따신 봄날
어느 교회 십자가가 넘 보이는 뜰
성자 구원 기도들을 줄기로 감싸
성령 같은 꽃덩이 매단 채
잎새 사이 볕뉘 들여
쉼터 하나 만들었어요

살아 천년 죽어 천년
지리산 주목은 못 되어도
끝없이 서로를 의지해 주는 생살이
누군가는 내 그늘로 쉼을 얻는 자리기에
파스텔톤 꽃피운
이 봄날만은 외롭진 않을래요

친구의 유혹

이렇게 한갓진 때가 있었나
바빠 늘치가 된 사람 앞에 미끼가 튼실한
낚시바늘이 던져졌는데
그 제안 매력적일 수밖에 없었어

시원한 바다 보러 오라고
소주 한 병 거뜬히 비울
횟감 몇 마리 정도야 자신 있다는
멋쟁이 친구의 제안

갈 수 없지만 생각만 해도 즐거운 바다 나들이는
온종일 머리속에서 방글거렸고
냇가에 앉아 저곳이 바다였으면 하는
상상만 화려한 오후였어

물 뼈에 부딪혀 거품 이는 물살 바라보는데
아휴, 물멀미에 하늘도 구름도
내 생각까지도 어지러워서 혼돈스런 하루였어

소나기를 기다리며

날마다 기다린다
뜨겁게 쏟아지는 햇볕에 까맣게 타들어가는 농심
시들어 가는 농작물을 위해서
소나기라도 한줄기 내리면 하고
기다린 지 오래

저녁 뉴스를 보면서 내륙 산간 지방에
비 올 거란 예보에 반가워하다가도
어느새 답안지의 틀린 밑줄처럼
다시 불볕만 쨍쨍이고
철 만난 매미의 낭창한 목청은 청량하기 이를 데 없다

소나기는 언제 올지 모르는 기약 없는 헛꿈
수은주의 눈금은 정점이 어딘 줄도 모르고 계속 오르지만
오늘이 입추라니 몸은 덥고 마음만 서늘한데
내일쯤은 빨강 고추잠자리가
바람개비같이 먹장구름 맴돌다가
저 산 너머에서 소나기 한바탕 물고 왔음 좋겠다

생명이 주는 감사

오르는 온도계 눈금에 새 생명들은
뜰에서 대지로
양지에서 음지로 번져 가는
전염성을 지녔다
그렇게 봄은 무한 에너지를 세상에 전파한다

흐르는 계절을 보면
한 해 한 해로 단락 짓던 일월의 첫 시간 이후
날이 달을 스치고 달이 계절을 또다시 지난 후
누군가의 가르침 없이도
차례를 이어가는 순환의 힘

본능적 지식이 감각기능에 인지되고
나만의 자아를 존립시킬 수 있는 자연적 의지가
독립된 개체가 되는 그 여정에
한 알 씨앗에 자양분 되어 준
자연과 만상의 조물주에게 경애의 기도를 올리는 바
세상은 우리들의 영원한 배움터고 안식처다

탄생

오일장에서 산 청둥오리알의 부화를 기다린다
알전구같이 둥그런 여섯 개 알에
온도계 두 개를 넣고 네모난 판잣집을 따뜻하게 꾸몄지

하나는 디지털
또 하나는 눈금으로 읽는 온도계
날마다 확인하는 온도
생명 탄생을 기다리던 스무닷새째
드디어 한쪽 부분이 파각하는 변고가 일어났어

그렇게 찾아온 오리 새끼처럼
귀여운 동물과의 첫 대면
오월 언제라고 정확한 날짜를 예언한 적 없었는데
태어나 준 생명의 신비가 경이롭다

타원형 몸 굴리기
힘찬 울음 울기
뭉툭한 입으로 톱질한 알을 가르고 나오는

꽥꽥이의 후예

뒤뚱거리는 몸짓 역시 분명 오리는 오리인데
제 2의 내 자식이 된 듯한 이 기쁨
그런데 우리 청둥오리의 생일은 어린이 날이다

새끼 오리 선녀가 되어 날다
—死後藥方文

하얀 알을 팬 위에 깨니 말랑한 탄성의 중앙에서
황홀한 노랑 눈부시다
부화를 거친 후 성체로 부활되면
너는 본디부터 하늘로 오를 운명

먹을 물만 줘야한다는 주위 사람의 경고를 헛 귀로 듣고
목욕할 물을 줬더니 대야 속을 박차고
아뿔싸 청둥오리란 놈 큰물 찾아
아니 큰 하늘 찾아 다 날아가 버렸어

태초부터 물은 힘을 불러오는 원천이던가?
인간 문명이 고대부터 물가에서 형성되었고
이놈의 날짐승마저 갈퀴발로 키워 온 운동 에너지를
푸른 깃에 숨겨 둔 것임을 왜 몰랐을까
그래 오리에겐 운명처럼 자유 향한 본능 자체가 물이었어

나뭇꾼의 아내는 날개옷을 주면 하늘로 날아오르고
청둥오리에게 물을 주면 날개깃을 펴서

자연으로 돌아간다는
소설적 동화가 아닌 사실적 현실 앞에
내 무지가 찬란함으로 꽃피는 실수를
나 이제사 절실히 깨달았어

그 청둥오리 귀소본능을 안다면 몇 해 뒤 성체되어
우리집 마당 안에 알을 낳을까?

자연재해

허옇게 거품 문 이빨들이 사나워 보여
봇둑을 넘어선 거친 물소리
떠밀리느라 숨 고를 겨를도 없이
거품 문 누런 물의 근육들

올해 따라 유난스레 자주 오는 비
봄 여름 가을 가리지 않는 국지성이라
왔다 하면 물난리라서
뉴스에 촉각을 세운다

지구 온난화 현상으로 심해지는 자연재해
무사안일을 바라는 인간의 본심 속에
농심은 천심이라는데
뿌린 대로 거두지 못해 폭우 속 한숨만 거칠다

장마철 무심리에는

옛날 옛적에
새벽밥하다 뛰어나온 어린 계집아이
걸어가는 산을 보고
산이 간다 산이 간다 하면서
부지깽이로 땅을 치니
가던 산 멈춰서 마을을 막아
큰 인물이 안 난다는 전설 속 동네라요

기백산 허리께에 안개가 끼면
도랑가에 소 매지 말라는 어른들의 경험담이
무심한 듯 유심하게 전해지는 무심리

이제는 한 집 건너 허물어져 가는 빈집
큰 인물은 고사하더라도
아기 울음소리마저 끊긴 지 오랜데요
오늘 무심리에는 고요한 정적 속에
여름 장마비만 치득이고 불현듯 불어난 도랑가에
매인 소는 분명히도 없다요

장마비가 준 휴식

간밤 빗소리가 만들어 준 술자리 걸판졌지
잃어버린 자유 본능에 방종까지 동행해서
잊고 산 끼들까지 한꺼번에 흥을 타네
날마다 내일 위해 시들어 간 내 청춘
오늘 밤 시작한 저 울울한 비 울음 핑계 삼아
나도 술 힘 빌어 어깃장이라도 부려 볼란다
그래, 울고 싶어도 말하고 싶어도
하지 못한 것들을 저 빗소리에 씻어 볼란다

넋두리 아닌 설움이 마냥 버거운 듯
한데 모아 우는 저 비의 사연 또한 기막힐 터
나도 내 하소연 저 비에 떠내려 보낼란다
일부러라도 과음해서 곯아떨어지면
내 곤한 날들도 따라 잠들랑가?
새날의 수고로움도 술 힘처럼 따라 느슨해질랑가?
장마비에 쉬어 가는 여름날의 내 하루
차라리 내일의 아침아! 나를 비껴 오거라

미스터 트롯

바쁜 내가 어느 가요 프로그램에 흠뻑 빠졌다
정신없이 사느라 tv에 관심 없던 나에게
어느 날 무심코 찾아든 옆 사람들의 수다
"봤어? 거기 임영웅 나왔는데"
"나 갸가 너무 노랠 잘해서 팬 돼버렸어야"
중년 넘긴 아줌마들의 수다에 귀기울이다
나도 큰맘 먹고
주말 밤 티브이 앞에 자리를 폈지

하나같이 흠잡을 데 없는 실력들이라
고막 호강을 마다할 이유가 없는 코로나 종착점에서
추억 너머 유행가에 빠져 본 늦은 밤
본방 사수야 사는 게 바빠서 못했지만
재방에서나 나를 달구는 뒤떨어진 시골 아낙의
과분한 문화 체험
담주부터는 본방 사수를 위하여
기필코 목요일 밤만큼은 내 시간을 비워 두리라

별밤 연서

별들이 산꼭대기에
보석처럼 박힌 밤
지나간 날들 속에 꼴똘한 추억 하나

실낱같은 웃음꽃 피우던 이야기도
긴 시간이 흐르면
애틋한 그리움 되겠지요

꼭 움켜진 보물처럼
오랜 기억 속에 부끄러워 말 못하던 수줍음도
벌써 이만큼 세월을 넘어 버린 걸요

지난 기억 속
어깨 나란히 우산을 받쳐든 이의
뒷모습이 오늘에사 아름답듯

내 곁의 소중한 이가
지금만은 애인이고파서
이슬에 젖은 날개 달빛에 말려 봅니다

날마다 시 이삭을 줍는다

뿌리도 머리도 새순도
있다 하면 무수히 많고 없다 하면 하나도 없는
형체 모호한 것들의 정체를
날마다 찾아 헤맨다

들에서는 풀꽃에 바람 기대고
집에서는 울타리 안 모든 것들에게
질문을 한다
그러나 내 시의 답은 언제나 모호하다

철 이른 매미가 마을 정자나무에서
파르르한 떨림을 전한다
오늘은 그 울음 또한
궁금한 내 질문에 첨부해야겠다

3부
초가을 풍경

초가을 풍경

뒷문을 열고
잎갈이에 바쁜 산딸나무에게
뜬금없이 고향을 묻는다

대답 대신 충청 이남
따신 땅 향하는 파리한 바람에게
타관 소식 전하는지
열심히 수화 중이다

고샅길 언저리에
구절초 해살스레 춤을 추고
비 온 뒤 떨어진 기온이라
뒷산은 벌써 가을물 채색 중인데

앞들 벼이삭도
지난여름 폭염에 나처럼 지쳐 버려
숙인 고개를 절레절레 흔들고 있다

꽃무릇
—석산*

꽃머리 보여 누구 없소.
저기 금방이라도 쑤욱
꽃대궁 올려놓고
나 왔소. 보란 듯 대문을 들어설 것 같은 골목에
꽃무릇 한 무더기

만나지 못할 인연 서러워하면서
콩나물 다리를 닮아 비좁게도 오르는 게
살짝 불빛 머리가 진한 얘기를
풀어놓을 듯도 한데

담 밑이라 까치발해도
먼 뎃 님 안 보여
오늘은 붉은 소식만 전하려나 보오

*석산 : 스님꽃, 이별꽃, 중꽃, 현금화라고도 함.

고추를 따면서

주렁주렁 붉다 이름에서도 그렇치만
아들을 표현하기에 알맞은
예컨대 이제 사라진 풍속인
득남 아룀 금줄에도 달았던 붉은 고추

어쩌다 우리 후대들은
간편하고 수월한 것에 마음 잡혀
인구절벽이란 치명적 사실조차 모른 채
출산 기피 문화에 익숙해진 걸까

칠거지악에 일 순위로 등장하며
한 많은 여인의 잔혹사가 되던
사내아이는 아닐지라도
여식의 울음이라도 들리면 좋으련만
반거치 농사꾼 밭에 고추가 풍년인 가을

우리 마을에 금줄은 못 달아도 고양이 울음 대신
애기 울음이라도 들렸음 좋겠다

해국

바다에 고립당한 섬이 고향이라는데도
열악한 집안 자손이라 그런지
철만 되면 피우는 꽃
환한 네 모습을 나만 좋아했지
정작 고향을 그리워하는
네 낯빛의 쓸쓸함을 헤아려 주진 못했었어

까칠하게 마른 겉잎을 단 핼쑥한 얼굴
가뭄살 드센 가을인데도
환하게 꽃망울 펼친 너를 보니
내 마음이 순간 미안해지네

무관심 속에 핀 해국의 모습에서
오늘 하얀 파도가 보였기에
꽃향기에서는 바다 내음 배이고
동면을 준비하는 꿀벌들의 탐식 속에
가을이 노랗게 익어 가고 있었지

올해는 네 꽃씨 봉투에 곱게 받아
네가 살던 바닷가에
꼭 뿌려 놓고 싶단 핑계 삼아
파도가 사는 그 남쪽 바다를 꼭 한 번 가고 싶다

밤새 안녕하신지요

먼 길 떠나는 이는 사고가 아니라면
비슷하게 연관된 엑셀을 가지고 있다
이제 갈 때 됐어
고생 덜하고 좋은 계절에 간 사람은
복 있는 사람이야
노령사회의 무성한 뒷이야기
아무데서나 주제가 되고
슬픔이 되기도 하네

죽음은 세상을 바꿔야 하는 일인데도
사람에겐 그저 이미 예견된 일이라서
우리는 자주 밤새의 안녕을 묻고
다음 또 다음날도
그리 안부하며 살아가는 이웃사촌인데
여러분들?
여러분들도 밤새 안녕하시지요?

가을 문턱

소리로 느낌으로 오는 가을의 형체
풀벌레 울음을 물고 온 바람과
그 바람에 몸을 구르는 낙엽들
눈을 통한 가을은 벌써 백로를 맞았는데

창문을 서성이던 으슬한 바람의 체온이
어젯밤에 다녀간 뒤
벽에 걸린 달력장은 시월이라서 시원해졌는지
벌써 쌀랑함을 일러주네

폭염경보가 뜨던 재난 문자 창을 보며
엊그제까지 덥다는 말만
매일 입에 달았건만
시원하다라는 표현 혀에 붙기도 전
계절은 어언 가을의 문턱을 넘고
뒤안 감나무도 찬기운에 얼굴 붉히는 중

깨진 화분

한때는 내 속에도 꽃이 자라고 있었어
작고 촘촘한 채송화와
이름까지 어려운 먼 나라에서 온
꽃 뿌리도 더부살이했지

무늬가 이뻐서
흙으로 빚은 토분이라서
이런저런 이유로 꽃을 밴 내 안은
자부심으로 가득 찼었지
영화에서 주연이 빛나려면
조연이 필수라고
스스로 위로하면서
파편으로 남은 꽃분의 숨은 공로

내일은 새 화분 구실로 잡아
읍내 장터로 살짝 마실이나 가야겠다
그러다 덤으로 예쁜 꽃모종 하나
남편 몰래 살째기 업고 오고…

다수댁 할머니의 가을 이야기

서강*의 주황빛이 뜰안에 농해질 때쯤
하나 둘 입 여는 국화 송이
서툴게 풋사랑을 시작한 청춘인 양
얕은 바람에도 몸내 진하게 풍기는데

홀로 사는 일에 이골난 어르신들의 마당
무성한 나뭇잎 다홍 꽃물 치장에 바빠도
쉼 없이 달려온 상강 된서리 속에서
꽃망울 푼 국화 봉오리들
첫눈이 올 때까지 한 땀 두 땀 온전히 고운 꽃 자태
피워 낼 수 있으려나

"올해가 저 꽃 보는 기 마지막 아이것나"
다수댁 할매의 군담 같은 혼잣말에 번지던
쓸쓸한 미소가 생선 가시처럼 목에 걸린 채
해 질 녘 볕살은
사랑채 섬뜰 아래 따시게 내리고 있었다

*서강 : 메리골드

구절초 사랑

추수 녘 나락 톨처럼 까끌해진 손마디
할미꽃 닮은 등허리
땅 짚고 걸으니 네발 아기 되셨구나

곤한 세월 사시느라 닳고 닳은 무릎
신경통과 관절염 구절초가 특효약이라 해도
저 예쁜 꽃을 어찌 덜컥 꺾을까나

하얀 미소 뿌리며
언덕배기 곳곳에서 꽃으로 피는데
계절은 벌써 초겨울

어머니 무릎에는
밤마다 찬서리 아리게 내리고
매서운 눈보라 들이칠 텐데…

바람이 전하는 얘기

마을 앞 코스모스 꽃길 지나
황금 물 쏟아 놓은 들판을 보고 왔어
그런데 높아진 하늘은
내가 쓸지 않아도 되겠더라

벌써 흰구름 몇 덩이 풀어놓아
닦아놓은 창공
보기만 해도 탄성이 절로 나는 솜씨였거든

아침저녁 읍내 거리에 더운 열기도 밀어냈고
은행 가로수에 가을 소식 전해 주려
어언 새 옷으로 갈아입었어

산꼭대기부터 번져 내릴 붉은 단풍이
보기 또한 좋으니
어서 농사일 갈무리하고
가을 한번 편히 보려 하니
첫서리야 제발 며칠만 참아 다오

벌초

항상 그 자리에 계시지요
풀섶이 우거지고
벌레들의 보금자리가 돼 버린
비바람 햇볕 가리개도 하나 없는 당신의 자리

찾아가는 이 없으면
기다림만 무성할 봉분에
쇠 한 무더기 자라니 마음이 아파요

언제나 익숙한 묵묵부답
쟁여 놓은 그리움 풀섶처럼 무성한 가슴 안고
그대 살아 생전 모습 떠올리니
풀무치도 또록이 울음 흘려요

예초기 날 예리하게 갈아
더운 계절 해거름 갈쿠리 겨드랑에 끼고
가위질보다 더 짧게
그대 머리를 깎았습니다

세월에의 방조

바람 부는대로 흐르는 시간조차
삶의 소멸이 되는
나무야 단풍아 꽃잎들아
피고 지는 순간들은 잊혀지고
다시 오고
다시 가고

하루 스물네 시간 정해진 숫자들이 달을 채워
팔월이니 구월이니 시월이니
소설 제목처럼 달력 첫 장에 걸릴 뿐
거대한 자연 앞에서 인간은 촌각을 다투어 변하는데
가을을 맞아 찾아드는 지금의 상념들 역시
내년에는 어떤 의미로 남을지

살아 있는 세상의 모든 것들은
이별이라는 윤회 속에서 순리를 따르는데
가을 같은 내 생은 한 줌의 소출마저 부실하게
어찌 이리 쉬 나이만 소비했을까

몸살

네모난 창으로 가을이 들어앉는다
하늘은 고고한 쪽빛
태양을 구심점 삼아 어깨를 엇댄 산들이
병풍을 두른 듯 넓게 펼쳐졌다

가꾸지 않아도 화단이 된 들녘
코스모스와 벼이삭이 소슬바람에 넌출거리고
드디어 주홍색 맴도는 감나무가 서둘러 옷을 벗는다

나는 웃지도 못하지만 그렇다고 울지도 못해
휴일의 한낮에도 억지 방콕 중

누군 날씨 좋은 이 계절에
여행 준비물 챙기느라 들떠 있던데
감기의 포로가 된 나는 창 너머로 펼쳐진
바다 같은 진청색 하늘 호수에 흠뻑 빠진 채
대리만족도 못하지만 헤어나지도 못한다

빼빼로 데이

11월 11일은 일명 **빼빼로 데이**
달력을 넘기면 내겐 **빼빼로** 날이 아닌
아버지의 지게가 떠오른다
작대기가 많으니 작대기 데이

가을의 끝자락 겨울의 입구에서
아버지 머리칼 같은 키다리 억새는
하얀 꽃을 피우고
빈 들판 볏단들도 모두가 줄지어 섰는데
열심으로 지은 농산물을 지고 오시던
아버지의 낡은 지게

작대기 두 개로 꼿꼿이 서 있는 달
11월 11일은 빼빼로 데이
내겐 자식 위해 헌신하시다 빼빼 마른
그 땀냄새도 그리운 내 아버지의 날

방앗간 기행

일부러 맡지 않아도 풍기는 냄새
날마다 볶고 빻던
천장에 찌든 기름때마저
고소함으로 그려 놓은 맛의 유채화
빨간 타이머에 불이 켜지면
한꺼번에 터지는 수증기 폭탄

웅웅대는 기계음과
사람 소리 섞여 귀에 이명처럼 울려도
가끔은 들러야 하는 여자들의 놀이터
비 내리는 날의 방앗간은
비에 젖지도 않고
항상 입맛 입담 다 넘치는 맑음이다

아줌마들의 회식

저마다 풀린 시간을 즐겼다
서툰 봄도 한몫하는데
여자 셋만 모여도 접시가 깨진다고
열서넛 넘는 모임이야 오죽하랴

오랜만의 해후에 안부는 기본
시시콜콜한 수다까지 큰 몫을 하는데
벽 가리개 너머 다른 손님이야 아랑곳 않아
맛깔난 도다리 쑥국도 가시로 남겨두고
문 앞 신발 신고 나서려는데

동년배 뻘 남자분 서넛이 던지는 한마디
"아따 그 아줌씨들 엔간히 시끄럽네"
오랜만의 자유에 기차 화통을 삶아 먹어도
안 막힐 목구멍 가진 중년 아줌마들의 모임에
읍내 식당 간판 불도 붉은 홍조를 띤다

빈 나무가 주는 교훈

날마다 털어내지
한 잎 두 잎 그러다 드디어
알몸에 빈 가지만 남은 홀가분함

한때 누구나 푸른 욕심들을 채우고
천년만년 살것처럼
물욕에 무거워진 몸 지탱하며
부를 찾아 헤매던 삶

떠날 때는 가져갈 것 하나 없는데
다 놔두고 가야 하는데
나무도 해마다 내리는 연습을 하지
떠날 날에는 이렇게 가는 거라고

찬바람 칼날처럼 후벼파는 겨울 땅에
미물이지만 온몸으로 전하는 생존의 법칙이
만물의 영장인 사람에게는
왜 아직도 안 보이는지

지나 보면 다 헛것인 빈 껍질만 끌어안고
그것에 목을 맨 너와 나의
이 허울뿐인 모양새 앞에
아침 까마귀는 마을 어귀 미루나무에서
세상 향해 목놓아 운다

콩걷이

산중 천수답이라 땅값도 낮을 밭뙈기인데
너르긴 어찌 그리 너른지?
콩 심은 데 콩 난다고 삼복을 이겨낸 서리태
단 햇살 받아 야물게도 익었겠다

혼자 하는 콩 베기에 허리는 끊어지고
콩타작 시작도 전에
늘치가 난 몸둥이는
초저녁 선 잠결 중 신음 섞인 현몽이라

그래도 서너 날 하늘이 도와주면
땀줄기 꽤나 흘렸겠지만
덕석 펼쳐 도릿깨질까지 신명내서 하려느니
엊그제 같은 봄철의 경배 끝 비로소 얻는 기쁨

모과의 자부심

노란 몸 빛깔
과일전 망신은 모과라는 말에도
불거진 속살
상처받지 않아

실수로 떨어뜨려 저만큼 굴러가도
쉬이 깨지지 않아
파란 하늘에 달을 단 탐스런 풍경 같은
가을 맛이 이러할까 모과차 맛

자연의 향기를 머금은 채
단단하게 여문 속살 첫 맛은 텁텁해도
끝 맛은 살짝 단
어쩌면 무뚝뚝한 내 남편 같은 그 맛

콩나물 동이

촘촘하지
따시지
이불은 잘 챙겨 덮어 주니까

시루에 노랗게 꽂힌 비녀들

저걸로 단정히 쪽 지어
시집갈 낭자 어디 없수
내가 며느리로 들일랑께

4부
겨울 보약

겨울 보약

동네 경로당은
한겨울에도 꽃이 핀다
궁금한 입에는 이만한 보약이 없고
평범한 이야기에도 절로 피는 웃음꽃
나 아닌 모든 이웃들의 일상이
입으로 들어가는 먹거리처럼 맛깔나
뗄 수 없는 불가분의 관계

언제 만나도 반가운 얼굴들이라
바쁜 철에는 오가는 길 위에서
선 인사 안부 정도가 전부인데
추위와 눈비가 만들어 준 악조건 속에
둘만 모여도 약효를 드러내는 보약

확실한 효과를 지닌 그 단방약을
처방전 없이 우리 동네 경로당에선
아무나 잘도 팔고 있다

경칩 아침은 더 춥다

간밤 바람소리 따라
무수한 흰나비들 떼 지어 날았고
아침은 선명한 떡살 무늬 서리꽃이
나비의 날개같이 차창에 붙었다

어제 걷던 봄 길은 계절을 역행한 듯
북풍만 몰아치고
산모퉁이 옴팍한 양지에는 밥풀 같은 매화가
멋 내다 얼어 죽을
가시나의 망사 치마 같아 더 가여웠다

나는 지금 나보다 일찍 세상에 나온 분의
낮고 추운 지붕 밑을 찾아가는 중
아지랑이는 가물가물 제법 가까워졌는데
잡히지 않는 봄은 흡사
꼬리 아홉 개 달린 여우를 닮았나 보다

하현 눈썹달

날마다 하현으로 야위어 가는
하현달을 만난 신새벽
실없이 생기는 안스러움은 뭘까

장독 위에 영역표시 중인 서릿발은
밤하늘 싸락별처럼 반짝이고
너의 잔광은 새벽빛에 졸고 있다

보고픔을 키우는 사람의 땅에
밤마다 지우고 그린 옛정일랑
네 그림자 뒤에 숨겨 두고

온밤을 하얗게 지킨 섣달의 새벽이
네 몸빛만큼 차가워
누가 떠나지 않아도 그냥 허허한 마음이다

고드름

밤새 영하에서 자란 키
물구나무를 선 물의 변신

빙점의 온도를 서성이다
굳어 버린 물의 **뼛골**

밤새 윙윙대던 바람과의
대화도 키로 자랐는데

물방울 땋아서 자란 고드름을
아침 햇살이 역광으로 얼비추면
무지개 기둥으로 받혀 볼까나

입춘에 설레는 빛의 굴절이여!
액체에서 기체로 따습게 피어난
아지랑이의 숨결따라
봄햇살은 몸체를 녹인다

동물의 왕국에서 사마귀를 보다

목숨과 맞바꾼다는 숫사마귀의 교미
자손을 위한 번창의 소원인가
숫컷의 쾌락적인 성욕인가
후자에 잣대를 대기에는
살신적인 용기가 부끄럽고
먹이사슬로 치부하기엔
이 또한 너무 잔인하거늘

세상에 자식 위해 바치는 희생
어디 그뿐이랴
우리도 한 어미의 자식으로 태어나
아비의 피 받고
어미의 젖 빨아 연명하였거늘
숫사마귀처럼 사랑에 목숨 걸 사내 있다면
나 없는 딸도 만들어 사위 삼으려니

곶감

그리움은 찬바람 끝에서도 자라나 보다
바람 드나드는 옥탑방에
한 접 넘게 깎아 건 떫감이 쭈구렁하니
늘어진 황소 뭐시기 같다

오래전 아버지가 손수 깎아 만들던 곶감은
호랑이도 무서워 벌벌 떨었다던 그 곶감은
칠 남매에게 최고의 주전부리였지

구지뽕 긴 가시에 새끼줄 달아
거죽만 뻬들하게 말라 가던 처마 끝 반시 감은
뒷간 오갈 때마다 키 큰 언니 오빠의 간식
키 작은 나는 다듬잇돌을 놓고
까치발 해야 겨우 닿아 그 맛을 보곤 했었지

그때의 말랑하던 단맛이 딱딱해진 현실 속에서
아날로그처럼 그리운데
그날의 키 큰 언니는 이제 꼬부랑 할머니 되어

내 키보다 작아졌기에
덜 마른 곶감을 주섬거리며
언니네 주소를 찾는다

면접

내 앞은 지뢰밭
누구에게 잘 보이려고
이리 애쓴 적이 있었던가

나 말고도 지원자는 수두룩한데
이 어려운 순간을 돌파할
첫 대면을 기다린다

바짝 마른 입은 단내가 나고
차례가 다가올수록 하얗게 비워져 가는 머릿속
준비된 답변이나 제대로 할 수 있을까

아들은 이력서를 오십 장이나 썼다는데
두근거림을 진정시키는 내게 응원을 건네주는
옆자리 고마운 수험생님마저
오늘은 공공의 적이 되어 버리고 마는…

엄마의 방

한 것 없다 하여도 한 일은 태산
시장에 가면 밑반찬 다 나와도
손수 담근 간, 된장에 손맛 들인 김치만 하랴며
손이 보배라고 스스로 사서 하는 고생사
힘들어서 내려놓을 법도 한데
누구에게는 청승이요 고집이나
말려도 듣지 않는 어머니의 택배

갖가지 채소 다 싸 넣고
홀로 행복해지는 노모
어쩌겠누? 앞세운 걱정에도
아직은 할 기운 남아 저러겠거니
말리다 포기한 아들과 딸
오늘 밤도 안 봐도 뻔할 엄마의 방
오만 삭신 다 쑤셔 읍내 병원 가서서
진통제 처방 받은 약기운이라야
겨우 잠드실 울 엄마

동치미

꽁꽁 얼어붙은 독 속 한 귀퉁이
숨구멍 뚫어
통통한 무 한 뿌리 건져 올리면
시선을 뺏는 누렇게 삭은 고추와 가는 파는
동치미의 맛을 부추기는 양념 같은 것

호마이카 밥상 막사발에
소찬을 챙겨 놓고
허기를 쫓으시던 어머니

신맛보다 시린 가난은
엄동 추위 같았어도
감칠 듯 살얼음 놓인 김칫국물
한술 떠 드시며 '시원타' 하시는 아버지 입바른 칭찬
못 들은 척 동치미 앞에 두고
시침 떼는 어머니의 시치미

영원한 나의 꽃에게

까치 울음소리에 눈뜬 먼동
풀 숨죽일 창백한 첫서리 위로
수천만 갈래 빛으로 내리는
햇살이 찬란하다

뜨락 가득 가을색 여물고
반 홍 감물 든 활엽수에 소슬바람이 안긴다
국화랑 금잔화가 아직도 자태를 뽐내는데
벌써 겨울은 저만치서 오나 보다

태어나 단 한 계절을 살기 위해
백만 번을 더 파닥일 벌새의 날갯짓만큼
나를 헤적여 너에게 갈 수 있다면
이 계절 다 가기 전
한 자락 바람이 되고 싶다

너는 지지 않는
영원한 나의 꽃이기에

꼬꼬닭 수수께끼

삶은 계란을 반으로 잘랐더니
샛노란 둥근 해가 도마 위에 떴어
알이었을 때는 타원형인데 나의 도마에서
새로이 창조되는 선명한 두 색깔의 조화
위 보다 아래를 보며 먹이를 찾는 습성에다
뭣이든 잘 먹는 부지런함

두 발로 걸으니 동물일까
날개가 달렸으니 조류일까
닭이 먼저니 달걀이 먼저니 하는
진화론을 배제하고도
아담한 체구로 종종거리는 부지런함
날마다 식용 알을 낳아 주기에
집 한 켠에서의 동거가 묵인되었을지도 몰라

시간의 이해도가 어둡던 시절부터 시계를 대신해
길게 목청 빼고 아침을 알리는 목소리
가왕은 못 돼도 세상의 뭇 동물 중에서

제일 높은 음을 가진 소프라노
유일한 날개 동물로써 십이간지의 한 자리를 차지함은
높다란 곳에 달린 붉은 벼슬 덕분이었을까
오늘도 벼슬 치켜세우고 목구멍에 힘준 채
구구구 구구단을 외우시는 저 당당함

미용실에서

포슬포슬 눈 내리는 풍경마저
거울 속으로 들어앉고
미용 보자기를 두른 나는 반눈 감은 채
생각을 흘린다

허리를 펴고 부동자세로 맞는 내 정면
중년을 넘겨 버린 여자는
숙련된 미용사의 가위질 소리를 자장가 삼아
고요히 눈 내리는 어느 날쯤을
몽롱하게 불러다 놓고
노곤 속에 끼어든 졸음에서 꿈을 꾼다

아주 잠깐의 쪽잠 앞에 흰 눈 내린 마당이 보이고
"다 됐어요" 하는 소리에 눈을 뜨니
백발의 단정한 소녀가 거울 앞에서 화들짝 놀란다

아직도 문밖에는 꿈속의 그날처럼
흰 눈이 하염없이 내리고 있다

산불 감시원의 짝사랑

한창 가물었지
애태우며 비를 기다리는 마음
그분만큼 간절한 이가 또 있을까

목마른 산야 그래도 봄이라고 꽃물은 들고
방화복을 입은 채 산을 오르는
이마빼기 검주름에 나잇살이 가늠되는 산불 아저씨

땀범벅에 절어도 이 나라 이 산을 지키는 사명감에
늦가을에서 오월까지 하루도 긴장감 푼 적 없을진대
봄가뭄은 수십 일째 계속되고
애간장 녹는 마음까지 뙤악볕에 지치지만
며칠 후 온다는 기상청 비 예보는
언제나 버릴 수 없는 희망 고문,

그는 오늘도 손 라디오를 귀에 대며
일기 예보에 온 귀를 집중한다

까치설날의 전경

밤새 가볍기로 이름난
폴폴 눈이 내렸어
봄은 얼비치는 햇살 뒤에 숨었고
바람은 매운 연기와 유희 중이다

일 년에 한두 번 가마솥 두부하는 날
혼자서는 힘이 부친다고
이웃들 입심까지 거드는 중이다

하얀 콩물에 간수 지르면
몽글몽글 피어나는 구름 덩어리
맑은 슷물 고인 솥전에
추위마저 간을 보러 얼쩡대는데

장작불에 빙 둘러선 사람들
순두부 한 그릇에 눈발 섞어
다들 훌훌 잘도 마시네

우풍

살살 만지세요
설렁거리며 다니지 말아요
지금은 그대만 느껴져요
누가 문을 살짝 열어 놓은 듯해요
바깥은 그렇다 치더라도
여긴 내 공간인데
그대 영역이 너무 넓어요

형체는 보이지 않고
느낌만 선명한 그대를 가까이하기엔
내가 버거워요
이제 더이상 참을 수 없어
이불 밑으로 피난 가요
그래도 나를 떨리게 하네요
첫사랑인가요?

살아 있는 이야기 책

입을 열면 멈출 수가 없어
살아온 이야기를 하고 또 하는 쇠약한 되새김질
짧은 만남이 아쉬운 어르신은
단락단락 토막으로 이어 붙인 순간들을
누에고치 명주실 풀 듯 오늘도 이어 간다

짜깁기하지 않아도
아라비안 나이트의 줄거리 같은 하루가 지나
아침 되면 이슬 되는 생명
수없이 사라져 간 날들 속 허허한 이야기는
저 자글한 주름 깊이에 묻어 두었다가 끄집어내고

이 순간이 지나면 잊힐 기억들도
내가 만날 미래를 보는 것 같아
인생담이란 장밋빛도 서글픔도 아닌
평범한 세상사라고
뜰을 덮치는 해그림자 보며
산증인들의 교훈 받들어 내 하루를 돌아본다

새터민

어쩌다 잠들지 못한 밤
오전에 시작한 비는 멈추었고
TV는 나와 상관없는 낯선 땅
사는 얘기를 줄줄이 풀어놓는다.

탈북 순간을 내려놓는
그녀들의 눈에 맺힌 굵은 눈물방울
죽음과 바꿔서라도 얻고픈 자유를 찾아와
기회의 땅에서 닻 내린 사람들

낱알로 흩어진 알곡처럼
이산가족 된 그녀들의 한맺힌 이야기
수령 아바이는 싫어도 내 아바이는 너무나 좋아
찌들린 가난에도 그립기만 한
아! 피로 짠 혈육의 정

술빵

누가 개구멍 속을 기어다닌 건지
크게 작게 빼곡하게
불규칙한 공기층

방직공장 실 한 올 만드는 데도
잠 못 잔 여공의 보이지 않는 손길
비밀스레 존재하는데

얼마나 많은 효모들이
밤낮의 기동을 마다않고
제 몸 삭혀서 만들어 낸 기포일까

한 입 베어 물며 스펀지 같은 푹신함
켜켜이 막걸리 냄새 따라
지난 시절 아련하게 떠오르는 배곯이의 기억

장 담그는 날

볕 따시고 바람 없고 손까지 없는 날 골라
일 년 먹을 장을 담근다
볏집에 불붙여 항아리 소독하고
신세대의 계수법인 염도계 대신
소금물에 날계란 띄워 오백 원 동전 이마가
들쑥날쑥 자무러지게 간맞춘 뒤 미금 가라앉힌다
망에 담은 메주 한 짝씩 넣고
여름볕으로 달여질 물의 부피 가늠하여
숯 고추 소금 주머니를 달면
목까지 차오른 배불뚝이 장독에서
사람 할 일은 끝인 것을
이제부터는 비바람 햇볕이 익혀 줄 발효의 시간
장맛은 자연의 힘 빌려 완성을 기다리는데
칠팔월 불볕 한번 쬐고 나면
하얀 간꽃 화들짝 피우겠다
내 정성에 이웃 할매 비법을 아무리 섞어도
어머니의 장맛만 아득하게 그리운 오늘이다

땅의 여자

햇살 요동치는 날
숨쉬는 내내 온몸으로 부딪치는
가장 단순하고 궁극적인 일상

그게 사지 성한 자의 삶이라며
먹고 일하고 자는
일과 속 나를 토닥여야지

노동이 주는 고단함에 지치면
그래서 체온마저 따라 뜨거우면
몸의 소리를 듣는
그래서 가끔 휴식을 챙기기도 하는

그러나 아직은 할 일이 있어
방바닥에 등 댈 시간 빠듯하지만
저녁 노곤함까지 삶에 진의가 되는
나는야 땅의 여자
숨길 수 없는 농군의 아내

해설

일상 얘기가 시의 어원이 되다

최삼용(시인)

평범한 여자다. 보통의 사람이다. 꾸밈도 처세도 중요치 않는 그냥 있는 그대로의 시골 아낙이다. 그런데 그 평범함 속의 주류가 영 통속적이지는 않고 그렇다고 유별나지도 않으면서 그냥 일상에서 만나지는 평온한 사람. 시인이라 부르기보다는 차라리 이웃 아줌마로 더 불리길 원하는 작가지만 무늬 농부가 아닌 하늘을 우러르는 실제 농군이다. 그래서 씨앗 한 톨의 소중함을 아는 땅의 여자가 던지는 그녀 시는 일상에서 건지는 보물이고 진지한 물음표이자 느낌표이리라.

    햇살 요동치는 날
    숨쉬는 내내 온몸으로 부딪치는
    가장 단순하고 궁극적인 일상

그게 사지 성한 자의 삶이라며
먹고 일하고 자는
일과 속 나를 토닥여야지

노동이 주는 고단함에 지치면
그래서 체온마저 따라 뜨거우면
몸의 소리를 듣는
그래서 가끔 휴식을 챙기기도 하는

그러나 아직은 할 일이 있어
방바닥에 등 댈 시간 빠듯하지만
저녁 노곤함까지 삶에 진의가 되는
나는야 땅의 여자
숨길 수 없는 농군의 아내

—「땅의 여자」 전문

먼저 「땅의 여자」 전문을 음미하며 땅의 여자로만 살던 그녀의 변신을 부추킨 것은 어릴 적부터 꿈꾸어 온 시의 힘이었으리라. 하루를 25시간 같이 바쁘게 사는 그녀가 무지개보다 더 심오한 시의 심장에 순정을 바친 후 그렇게 얻은 내공으로 자기의 목구멍 단내를 뱉어 묶어 한 권의 시집으로 전해 줌이 실로 놀랍다. 시의 모호한 주체성 앞에 가슴앓이

하며 정식으로 배우지 못했기에 더 몰두하고 향학하던 모습을 오랫동안 지켜본 나로서는 이 영광스러움 앞에 먼저 무한한 박수를 보낸다. 한마디로 그녀의 시는 땅이었다. 팍팍한 삶 속에서 농군의 아내이자 실버 노인들에 생활 지원사로서 일인 다역을 소화하며 창작 욕심만은 버리지 않던 그 강단이 비로소 결실을 맺은 듯하여 지금부터 기꺼이 기쁜 마음으로 시인의 심장을 열람하여 여러분들과 함께 탐독코자 한다.

  멈추지 않는 시간이다
  누군 잘 간다고 하는데
  오늘 밤 저리 애절한 간절함을
  사방에 풀어놓는 봄밤의 손님으로 하여
  내 시간마저 더디 가고
  쉬 당도하지 못할 그리움은 절실하다

  달빛에 애간장 녹는 저 소리를 덮고
  잠을 청하지 않아도
  보고픈 이가 또 그리운 이가 있는 자는
  날마다 밤마다 귀가 열린다

  지금 어디쯤에서 안부 전해 올 것도 같은

먼 먼 기대감까지
그저 어미에게 마음 전하는 텔레파시일까?
어느 날 무심결에 네 안부만이라도 듣고 싶어서
그렇게 깊어 가는 이 밤도
홀로 소쩍 소쩍 소 소쩍!
─「소쩍새는 그리움을 안다」 전문

 책 제목으로 선정된 「소쩍새는 그리움을 안다」라는 시문처럼 세상에 태어나 한두 개쯤 슬픔 없이 살 사람은 아무도 없으리라. 신은 인간이 감당할 수 있을 만큼의 고통을 준다는 말이 있듯 그게 세상을 누리는 산 자들의 특권이며 업이기도 하겠다. 화자의 핏빛 절규 앞에 슬픔으로 점철된 공감대야 독자들 몫이겠지만, 그녀가 내포한 슬픔이 작품 전반에 고여 피붙이를 잃은 아픔까지 문학적 서정으로 승화된 점은 가히 존경스럽다. 루트비히 판 베토벤은 작곡가로서 제일 중요한 듣는 기능을 잃고도 세상 최고의 음악가가 됐듯, 남다른 아픔이 배가되면 예술인들은 더 큰 영감을 얻는 것인지, 시문 전체에 흐르는 애상마저 사랑스럽다. 모름지기 시란 것이 실체가 없으면서 형상화돼야 하고 정형이 없으면서도 형식화돼야 하며, 표정은 없으면서 표현이 잘 돼야 하는 감정의 등가물이다. 음표 없는 노래이며 언어로 그려 내는 그림 같은 게 시라고 나름의 정의를 내릴 때, 그녀가 작품 속에 그려 놓은 그림은 잘 그려진 한 폭의 사실화라서 통속적인 슬픔은 경감되고 차라리 아름다움은 유달리 돋보였다. 그래서 시편 전반에 자신의 속내가 명경같이 투영되어 차라리 시라기 보다는 자서전 같기도 한 시 한 편을 더 나열해 보기로 하자.

추위를 견뎌 낸 앙상한 가지에
새잎 피기도 전에 꽃봉부터 밀어올린 목련이 대견했다
나는 꽃들에게 유달리 관대한 여자
그중에 목련에게 더 후한 면죄부를 부여하는 목련바라기
내 살을 만지고 산 남편보다
이 나이가 된 어느 날 이후부터 더 편애를 아끼지 않았던
난 낙제점의 아내
살 오를 초록과 여린 봄 햇살이
잘도 어울리는 낮은 담장을
돋움발 없이 훌쩍 넘어선 목련의 키 높이에
일상의 울에 갇혀 내 날 한 번 가진 적 없는 촌부가
파란 하늘을 받쳐든 자유로운 개화에서
대리 만족의 참맛을 느끼는가 보다

해마다 줄 타듯 아슬한 생 살이가 반생을 훌쩍 넘겨

산 날보다 살 날이 적은 이때에
아옹대며 자신을 닦달했던 시골 아낙이
오춘기도 갱년기도 다 지난 지금
서넛 날만이라도 자유를 꿈꾸는가
꽃송이 하나 피우기에 한 해를 전념했을
저 순결한 흰 꽃 몸속의 향기를
물어 날라야 할 삼월의 바람은
꽃샘 대륙풍과 간밤부터 눈이 맞아
목련꽃은 새벽 된서리에 소박까지 당했으니
나와 정 나눌 또 다른 봄꽃은
언제 어느 날에 나를 찾아와 식어버린 내 심장을
뜨겁게 달굴까나
—「봄날 환상곡」 전문

최민정 작가가 추구하는 시 형태는 은유적 언어유희가 아닌 솔직담백한 직설적 필법에 무게를 두고 주변을 예리하게 관찰한 후 편안한 운율을 전개한다는 것이다. 보는 이로 하여 친숙하게 가슴에 닿기에 그녀가 꿈꾸고 탐구하는 진정한 시색은 언제나 편안함이라는 장점을 가지고 있다. 「여름 이야기」에서 발췌한 내용을 보더라도 그렇다.

선악과 사건 이후 낙원이던 우리의 에덴동산은

타락으로 점철된 지옥 아닌 지옥이 되었고
　　이상 시인이 추구하던 빈터가 된 파라다이스에서
　　루시퍼가 준 색색의 독 키쓰로 하여
　　세상 어딘가에 숨겨진 낙원마저 죽어 가고 있나봐요

　　그러나 신이 버린 낙원이지만
　　그 파라다이스는 지금 내 맘에 있어요
　　그건 바로 당신이에요
　　　　　　　　　　　　　　―「여름 이야기」 부분

　목 놓아 탄식으로 부르는 막행 어절이 폐부에 송곳되어 박힌다. 자신의 관능을 시의 원천으로 삼고 시가 곧 절대 삶이 되기 위해 자신의 종교 밑에 군림하는 제 2의 생명점이 된 지금 교만의 죄로 인해 사탄이 된 천사장 루시퍼같이 시라는 과일은 사탄의 유혹에 빠져 이브가 삼킨 선악과만큼 책임과 고통이 따르는 성과成果일 것이다. 시인 이상이 읊조리던 인간 낙원이 과연 지상에 없는 즉 실낙원이라면 그건 필시 현새를 사는 우리들 각자가 찾아야 할 과제이련만 시인이 열렬히 갈구하는 파라다이스는 부자도 명예도 사랑도 아닌 제 마음속에 있는 순수한 시의 세계라니 글쟁이 다운 바램이다.

가슴에 눈을 달고 한 단어 한 문장씩
곱씹으며 읽다가
저리도 잘 짠 비단결 싯귀를 지은이가
질투 나듯 부러워
난 언제쯤 꿀단지같이 맛난 글
마음껏 적어 볼까

머리 싸맨다고 금새 생겨날 절창 없을 게고
엊그제 써 놓은 글도 오늘 보니
속만 긁어내리던데
시 마실 핑계 잡아 달통한 저 이 곁에 붙어
한 번도 해 본 적 없는 통간이나 한다면
그 이의 심장이 내 심장 되려나?

—「시 마실」 전문

「시 마실」이란 위 내용이 시인으로서의 솔직한 욕심을 대변하는 바 누가 저 여인의 간절한 시탐 앞에 돌을 던지랴? 가난한 시간에도 시를 품어 따뜻했고 바쁜 일과에도 시가 있어 잠시 쉼을 얻었을 터, 시로 노곤을 위로 받고 시로 아픔을 치유했던 그의 옹알이가 과연 세상 향해 한 권의 이야기로 빗장을 풀기까지 그에게 예속됐던 수많은 일상과 고뇌들은 어떤 말들로 위로받아 마땅할까. 시란 것이 떠도는 바람 같아서

혹은 하늘에 떠 있는 구름 같아서 어떤 날은 비를 품기도 하고 어떤 날은 뙤악볕을 가려 시원함을 주기도 하는 바 정체성에 행방만큼은 죽는 날까지 풀지 못할 화두 아니겠는가? 구도를 좇는 수행자와 다를 바 없는 시인의 길이지만 시대가 시대인지라 명함을 대신 할 만큼 흔하디 흔한 시집 홍수 속에서 진정 시다운 시를 잉태한 시집 찾기가 어려운 현실이다. 그래서 이 시인도 자기 이름을 단 시집 내기를 미뤄 옴에 그녀의 시 힘을 인정한 주위 분의 설득 또한 이 시집을 낳는데 일조했으리라. 일상에서 건져 올린 체험담이 언어화되고 시가 된 놀라움을 작가도 수긍해야 할 터⋯ 아래 시는 일상의 얘기가 시로 승화된 작품이다.

> 서강*의 주황빛이 뜰안에 농해질 때쯤
> 하나 둘 입 여는 국화 송이
> 서툴게 풋사랑을 시작한 청춘인 양
> 얕은 바람에도 몸내 진하게 풍기는데
>
> 홀로 사는 일에 이골난 어르신들의 마당
> 무성한 나뭇잎 다홍 꽃물 치장에 바빠도
> 쉼 없이 달려온 상강 된서리 속에서
> 꽃망울 푼 국화 봉오리들

첫눈이 올 때까지 한 땀 두 땀 온전히 고운 꽃 자태
피워 낼 수 있으려나

"올해가 저 꽃 보는 기 마지막 아이것나"
다수댁 할매의 군담 같은 혼잣말에 번지던
쓸쓸한 미소가 생선 가시처럼 목에 걸린 채
해 질 녘 볕살은
사랑채 섬뜰 아래 따시게 내리고 있었다

*서강 : 메리골드

—「다수댁 할머니의 가을 이야기」 전문

그녀의 제1직업을 묻고 싶다. 전업주부가 1차 직업이라면 농업 종사자는? 실버노인 생활지원사는? 시인은? 가장 노릇을 하는 남정네도 그 나이에 감당 못 할 수많은 직책을 가지고도 자신의 일에 충정을 다하는 다부짐에 억척이란 명사가 어울릴 것 같다. 시골 생활에서 오는 노후의 여가보다는 직업에서 오는 경로 우대의 마음이 더 예뻐서 저리 고운 시심을 얻었는지? 인생의 늙으막을 사시는 동네 어르신을 향한 비유가 갈무리에 바쁜 나뭇잎과 가을날과 석양까지 클로즈업해 시맛을 더 한심지게 만들었고, 한 노파의 군담 같은 혼잣말이

남의 소리가 아닌 바로 우리의 얘기가 아니겠는가. 사물을 직시하고 노령사회의 상징 같은 시골 생활을 직관하며 나열한 생활시들이 페이지를 넘길 때마다 시선을 잡아채는데 특히 「겨울 보약」이란 본문에서는 더더욱 그런 부류의 정취가 풍부하다.

> 동네 경로당은
> 한겨울에도 꽃이 핀다
> 궁금한 입에는 이만한 보약이 없고
> 평범한 이야기에도 절로 피는 웃음꽃
> 나 아닌 모든 이웃들의 일상이
> 입으로 들어가는 먹거리처럼 맛깔나
> 뗄 수 없는 불가분의 관계
>
> 언제 만나도 반가운 얼굴들이라
> 바쁜 철에는 오가는 길 위에서
> 선 인사 안부 정도가 전부인데
> 추위와 눈비가 만들어 준 악조건 속에
> 둘만 모여도 약효를 드러내는 보약
>
> 확실한 효과를 지닌 그 단방약을
> 처방전 없이 우리 동네 경로당에선

아무나 잘도 팔고 있다

—「겨울 보약」 전문

　참 익살스럽고 재치있는 시문이다. 빈 들녘을 앞세우고 봄 농번기를 맞기 전에 먼 데 사는 자식들보다 더 위안이 되고 궂은일에도 의지가 되는 이웃들과의 단순한 일과를 시적 정서와 시인의 절제된 위트로 마무리하고 있다. 모름지기 시는 서정을 담고 은유적 묘사를 앞세워 아름다운 표현을 중요시하는 고도의 언어 예술임은 누구나 다 아는 사실이다. 그 속에서 작가가 의도하는 생각과 감정을 압축해 하나의 스토리를 완성했을 때 읽는 이가 얼마만큼의 동화를 받고 공감 형성이 되느냐가 작품성에 대한 평가를 하는 중요 지표가 된다. 그러나 시의 정체성이란 정해진 바가 없는 즉 굳이 전문적인 정의를 함구하고 세분화시키지 않는다면 결국 세상에서 제일 짧은 소설인 게고 문장을 줄여 내용을 집약한 예술학이리라. 작금에는 시 형식의 범람으로 몇 번을 읽고 생각을 더해도 뜻을 이해할 수 없는 난해시도 시의 한 장르를 구축하는 바 이 시인이 추구한 시의 형식은 지극히도 편안한 서정을 갖추고 있어 좋다. 통속적인 제목의 작품들이 더러 눈에 띄긴 하지만 본인만의 색깔이 분명해 좋았고 일부러 글의 맥을 치장하지 않은 담백함이 최민정 시인만의 매력이다. 이 문집 안에는 고향이나 가족을 노래한 시문들도 꽤나 인상적이어서 독자들께 소개 드리고자 한다.

> 11월 11일은 일명 빼빼로 데이
> 달력을 넘기면 내겐 빼빼로 날이 아닌
> 아버지의 지게가 떠오른다
> 작대기가 많으니 작대기 데이
> ―「빼빼로 데이」 부분

라고 읊조린 빼빼로 데이란 시는 아버지의 지게를 작대기에 비유해 사부가로 지은 시인의 기발함이 압권이었다.

> 한 것 없다 하여도 한 일은 태산
> 시장에 가면 밑반찬 다 나와도
> 손수 담근 간, 된장에 손맛 들인 김치만 하랴며
> 손이 보배라고 스스로 사서 하는 고생사
> 힘들어서 내려놓을 법도 한데
> 누구에게는 청승이요 고집이나
> 말려도 듣지 않는 어머니의 택배
>
> 갖가지 채소 다 싸 넣고

홀로 행복해지는 노모
어쩌겠누? 앞세운 걱정에도
아직은 할 기운 남아 저러겠거니
말리다 포기한 아들과 딸
오늘 밤도 안 봐도 뻔할 엄마의 방
오만 삭신 다 쑤셔 읍내 병원 가서서
진통제 처방 받은 약기운이라야
겨우 잠드실 울 엄마

─「엄마의 방」 전문

  자식은 부모에게 자식의 도리를 다하지 못해도 부모는 눈감으시는 그날까지 새끼 위해 헌신하신다. 그러나 그녀도 여자라서 이제 자식 낳아 어미가 돼 본지라 시의 구절구절에서 어머니를 향한 사랑 표현이 심금을 울리고 있는 듯하다. 모정이란 얼마만큼 소중하고 의미 있는 조물주의 은총인지. 「엄마의 방」은 한마디로 가족이라는 끈끈한 혈연을 조명하여 자식이 어머니께 드리는 효심과 엄마가 새끼들에게 주는 모정이 극대화되어 작품의 깊이를 더하고 있다. 아직은 스스로 육신을 건사할 수 있어 자식들 챙김에 신명을 내고 돈으로 따져 봐야 얼마 안 될 소액이겠지만 그 보따리 속에 든 사랑만큼은 충분히 소중하다는 걸 알고 있음에랴.

볕 따시고 바람 없고 손까지 없는 날 골라
일 년 먹을 장을 담근다
볏집에 불붙여 항아리 소독하고
신세대의 계수법인 염도계 대신
소금물에 날계란 띄워 오백 원 동전 이마가
들쑥날쑥 자무러지게 간맞춘 뒤 미금 가라앉힌다
망에 담은 메주 한 짝씩 넣고
여름볕으로 달여질 물의 부피 가늠하여
숯 고추 소금 주머니를 달면
목까지 차오른 배불뚝이 장독에서
사람 할 일은 끝인 것을
이제부터는 비바람 햇볕이 익혀 줄 발효의 시간
장맛은 자연의 힘 빌려 완성을 기다리는데
칠팔월 불볕 한번 쬐고 나면
하얀 간꽃 화들짝 피우겠다
내 정성에 이웃 할매 비법을 아무리 섞어도
어머니의 장맛만 아득하게 그리운 오늘이다

―「장 담그는 날」 전문

 아무리 내게 할애된 지면이 협소하지만 이 시 만큼은 해부를 해 봐야겠다. 1연 첫 행에서는 장담그기 문화가 잘 표현되어져 있다. 미신도 아니고 유교사상이 뿌리를 내리고 있는 우리 나라에선 토속신앙이 존재하는데 샤머니즘이나 토테미즘 그리고 무생물과 자연에도 생명이 있다고 믿는 애미니즘에 입각해 손 없다는 길일을 택해 몸을 깨끗이 하고 큰일을 치뤘다 한다. 이 심오한 장 담그기 묘법들을 나열해 놓은 시인의 야무닥짐이 장담그는 순간을 직관하듯 실사를 보는 듯 너무나 선명하게 서술되어 놀랍다. 볏짚에 불붙여 항아리의 잡내를 잡는다든가. 선조들의 생활 계수법인 소금물 염도 보기라든지 메주를 넣어 장맛을 들이고 된장을 제조하는 과정이라든지 숯 = 소독, 고추 = 곰팡이 방지를 위해 주머니를 다는 조상의 지혜로움을 끝으로 인간이 할 일은 끝이라는 즉 토테미즘에 장맛의 결과를 맡기는 순수함 그 속에서 곁에 있어도 그리운 모정을 대입시켜 시의 말미에 확고한 결말을 내리는 센스가 수작이 될 여건을 충분히 갖춘 듯하다. 무릇, 현대를 사는 젊은이들은 시장이나 마트에 가서 지전 몇 잎으로 손에 넣는 장 맛에 익숙할지 모르지만 장 담그기는 얼마나 귀찮고 까다로우며 성가신 일이든지. 그런데도 이렇게 담담한 필법으로 장 문화를 서술하고 시골의 서정을 담담히 그려내는 필자의 상상력이 고맙기만 하다. 산골 지향파는 아닌데도 터잡이한 데가 산 좋고 물 좋다는 함양 고을이라서 바다 얘기가 소홀했는데 어느 해인가 선배 시인의 출판기념회 참여차 바닷가 동네를 다녀 갈 일이 있었단다. 그날 거기서 소소한 기억들을 부여잡아 내린 싯구 하나를 만나 보도록 하자.

    그대를 다 안지 못하여 쏟아지는 마음
    결국 바람이 베어 넘겨 버렸죠
    여기서 이대로 출렁이다 부서진 내 비장한 속엣말은
    수면에 흘림체로 써서 파도로 새겨 두렵니다

    쏟아져 부서진 자리에 남는 결 무늬 파도일랑
    오늘 내 줄임말의 밑줄로 대신 쓰고요
    수평선 끌며 다가온 물주름에 멀미 돌더라도
    내사 알고도 모르는 척
    그대 그림자 설경설경 씻어 낼 테요

    듣기를 거부한 마지막 할 말일랑
    포말의 거품 속에 숨겨 두었다가
    해변에 몸 굴리며 산산한 울음으로 대신 부서지리니
    물결의 높낮이 따라 음계로 바꿔 부를
    저 저음의 저 고음의 몸 울음,
    그건 도돌이표를 생략해도 무한 반복 중인 메아리의 절규
    불러도 대답없는 눈부신 언어로 된 당신
                                   —「파도의 절규」

맹모삼천지교라 했던가? 콩 심은 데 콩 나고 팥 심은 데 팥 나는 세상의 진리 앞에서 그녀가 안주한 곳이 시골이라서 그녀는 시골적 서정이 시의 모태가 된 듯하다. 화자가 절규하는 시어 속 의미는 오늘도 그 외진 바닷가에서 홀로 떠돌겠지만 그녀가 파도에 빗대어 절규로 풀어놓는 저 독백의 참 의미는 잊음도 아니고 망각도 아닌 시에 대한 간절한 그리움이겠거늘 항상 가슴속에 도돌이표를 생략해도 무한 반복 중인 시의 울음을 몸이 죽는 날까지 기억해 주길 당부하고 싶다. 이제 단원의 마지막으로 최민정 시인의 대표 시 한 편을 독자 여러분과 같이 읽고 싶다.

꽃머리 보여 누구 없소.
저기 금방이라도 쑤욱
꽃대궁 올려놓고
나 왔소. 보란 듯 대문을 들어설 것 같은 골목에
꽃무릇 한 무더기

만나지 못할 인연 서러워하면서
콩나물 다리를 닮아 비좁게도 오르는 게
살짝 불빛 머리가 진한 얘기를
풀어놓을 듯도 한데

담 밑이라 까치발해도

먼 뎃 님 안 보여

오늘은 붉은 소식만 전하려나 보오

*석산 : 스님꽃, 이별꽃, 중꽃, 현금화라고도 함.

―「꽃무릇―석산*」

  세상에 명시는 있어도 명시의 기준이 뭘까 라며 독자들께 질문을 던져 본다. 많이 읽히는 시 / 그래서 인기가 좋은 시 / 단 한번을 읽어도 가슴에 남는 시 / 이 세 개의 보기 중 후자가 명시의 기준이라는 독자가 계시다면 이 시 한 편만큼은 명시의 반열에 올려져도 좋을 성싶다. 꽃무릇은 참 많은 애틋함을 가진 꽃이다. 석산이라고도 부르고 잎과 꽃이 만날 수 없어서 스님꽃이라고도 칭하며 상사화라는 이름을 덧붙이는 이도 있지만 기실 상사화와는 피는 시기와 화색이 틀리니 구분되어야 할 듯하다. 이 시의 첫 연은 언뜻 허상으로라도 보고 싶은 그리운 이에 관한 절절한 표현이다. 2연은 언뜻 몸통에 비해 꽃 혀를 길게 가져 비좁게 보이는 꽃 형상을 노래한 듯하지만 사실은 험하고 복잡은 세상에서 생사조차 모르면서 살째기 기별이라도 아니 어떤 안부라도 얻고 싶어하는 작가의 의중이 숨어 있다. 마지막 3연은 세상이라는 테두리에 갇혀 그녀의 작은 안목으로는 그 간절한 혈육의 생사 소식마저 들을 수 없어 '오늘은 붉은 소식만 전하려나 보오'라며 무소식을 붉음으로 비유한 채 체념을 읊조린 먹먹함이다.

  등단 이후 오랜 세월 동안 시밭의 답청 아래에서 도저히 그녀와 어울리지 않을 것 같은 사랑을 표현한 어법들은 시편들에 다양성을 추구하는 작가의 단단한 은유들인즉 그래서 더더욱 앞으로의 작품들이 기대가 된다.

  오늘 세상 앞에 읍소하는 시인 최민정의 첫 시집 상재를 축하 드리고, 일상적 이야기가 원천되어 시 꽃으로 만개함에 여러 시민詩民들의 큰 사랑이 이 여류 시인에게 만연하기를 기원해 본다.

시하늘시인선 10

최민정 시집
소쩍새는 그리움을 안다
© 최민정, 2025

초판 1쇄 발행 2025년 2월 10일

지은이 최민정
펴낸이 이은재
펴낸곳 도서출판 그루

출판등록 1983. 3. 26(제1-61호)
42452 대구광역시 남구 큰골 3길 30
TEL 053-253-7872 / FAX 053-257-7884
E-mail / guroo@guroo.co.kr

값10,000원
ISBN 978-89-8069-518-8

*이 책의 판권은 지은이와 도서출판 그루에 있습니다.
양측의 서면 동의 없는 무단 전재 및 복제를 금합니다.